Mein Klostergarten

Sr. Hedwig

Mein Klostergarten

REZEPTE & KRÄUTERTIPPS
IM GARTENJAHR

benno

Bibliografische Information der Deutschen Nationalbibliothek
Die Deutsche Ntionalbibliothek verzeichnet diese Publikation
in der Deutschen Nationalbibliografie;
detaillierte bibliografische Daten sind im Internet über
http://dnb.d-nb.de abrufbar.

Besuchen Sie uns im Internet:
www.st-benno.de

ISBN 978-3-7462-5860-7

Umschlag: Ulrike Vetter, Leipzig
Umschlagmotive: © mauritius images/The Picture Art Collection/Alamy (Kloster),
© Team5/Fotolia (Kräuter) und © Lucien Lenzen, Mönchengladbach (Porträt)
Gestaltung und Gesamtherstellung: Arnold & Domnick, Leipzig (B)

Die grünen Kostbarkeiten Gottes

Schon in meiner Schulzeit habe ich mich sehr für die Blumen und Kräuter in meiner naturbelassenenen Welt unseres kleinen Bauernhofs begeistert. In meiner Faszination habe ich natürlich auch davon geredet, um andere Menschen darauf aufmerksam zu machen. Nach meiner Ausbildung zur Krankenschwester bin ich bei den Missionsschwestern vom Kostbaren Blut in Wernberg bei Villach eingetreten. Getreu einer alten Tradition, haben wir in einem Teil unseres großen Gemüsegartens inzwischen einen Kräutergarten angepflanzt. Klöster sind schon seit vielen Jahrhunderten Übermittler von Wissen über die heilsame Wirkung aus der Natur.
Frau Dr. Ingeborg Jakl, Lokalredakteurin beim SONNTAG – Kärntner Kirchenzeitung, hat mich eingeladen, über Verwendung und Wirkung von Kräutern, Gewürzen und Gemüse zu schreiben. Frau Dr. Jakl hat mich intensiv unterstützt und immer wieder ermutigt; so konnten wir über vier Jahre fast jede Woche eine Kolumne in der Zeitung bringen. Dieses Buch ist nun eine Sammlung von „Grünen Kostbarkeiten“, die gute Ratgeber im täglichen Leben sind! Mein besonderer Dank gilt in erster Linie Frau Dr. Ingeborg Jakl, dem Fotografen Lucien Lenzen und der Redaktion der Kärtner Kirchenzeitung. Ich danke auch meinen Mitschwestern und allen MithelferInnen im Wernberger Kräutergarten und im Klosterladen.

Sr. Hedwig Maria Prommegger CPS, Hausoberin

JANUAR

Gute Vorsätze

Nach den vielen Schlemmereien zu Weihnachten und Silvester tun einige Entlastungstage ganz gut. Denn was wir da manchmal bei Familienfeiern essen und trinken, ist nicht nur zu viel, es ist auch oft nicht sonderlich bekömmlich. Man denke nur an die Gans mit Knödeln, Karpfen und Kraut sowie Keks und Torten und den guten Tropfen. Jetzt, zu Beginn des neuen Jahres, sind nicht nur Vorsätze gefragt, sondern es ist auch Zeit, den Körper ein wenig zu entlasten. Mit frischen Salaten, einer Rohkostplatte oder nur mit Erdäpfeln als Mahlzeit bringt man nicht

nur sich selbst, sondern auch die Waage wieder ins Gleichgewicht.
Erdäpfel, Gemüse und Salat schaffen nämlich einen Ausgleich zu den vielen Fetten und Kohlenhydraten. Gut sind jetzt auch Rote-Bete-Saft, Sellerie- und naturtrüber Apfelsaft, anstelle von Bier, Wein und anderen alkoholischen Getränken.
Wer dagegen schon mit Magenbeschwerden kämpft, sollte zunächst viel Kamillentee trinken und ein wenig beim Essen fasten. Grundsätzlich gilt die Regel nicht nur zu Weihnachten und zu Silvester, sondern auch zu allen anderen Feiern: Man kann von allem essen und trinken, nur nicht zu viel. Kleine Portionen erfreuen den Gaumen und schaden nicht der Gesundheit.

DIE MARIENDISTEL

Nach einer feuchtfröhlichen Nacht tut der Tee der Mariendistel recht gut und unterstützt den Körper bei der Entgiftung. Die leberschützende Wirkung der Mariendistel ist nämlich durch wissenschaftliche Studien belegt.

Mariendistel kann man als Tee oder in Fertigpräparaten anwenden. Für einen Mariendisteltee übergießt man ein bis zwei Teelöffel Mariendistelsamen mit einer Tasse kochendem Wasser. Den Aufguss lässt man zehn Minuten ziehen. Anschließend abseihen und in kleinen Schlucken trinken.
Zur Anregung der Funktionen von Leber und Galle sowie bei leichten Störungen wird Mariendistel gern angewendet. Aber auch bei Gelbsucht, Gallenkoliken und Milzleiden wird die Teekur zusätzlich zur ärztlichen Therapie eingesetzt.
Bei leichten Verdauungsbeschwerden können zwei bis drei Tassen täglich getrunken werden. Sie regen die Verdauung an. Die Volksheilkunde verwendet zermahlenen Mariendistelsamen, um daraus Umschläge bei Unterschenkelgeschwüren zu machen.

Die Mariendistel ist in Südeuropa, Kleinasien und Nordafrika heimisch. In Mitteleuropa wird sie in Gärten und Kulturen angebaut. Sie wächst bevorzugt in warmen Gegenden an trockenen Plätzen.

Hustensaft aus Schwarzem Rettich

Einige Rüben bzw. Knollengewächse, die in jedem Garten selber gezogen werden können, sind gut lagerbar und können somit auch im Winter der Gesundheit einen sehr guten Dienst erweisen.
Da wäre zum Beispiel der Schwarze Rettich. Der Saft des Schwarzen Rettichs ist ein bekanntes Hustenmittel. Er hilft vor allem bei starkem und hartnäckigem Husten. Dazu wird der Deckel (nicht die Wurzel) der Knolle abgeschnitten und

die Knolle innen so weit ausgehöhlt, dass noch etwa ein Zentimeter Fruchtfleisch am Rand übrigbleibt. Anschließend werden – am besten mit einer kleineren Stricknadel oder einem Nagel – ein oder zwei Löcher in den Boden des ausgehöhlten Rettichs gestochen. Dann füllt man den hohlen Rettich mit im Wasserbad erwärmtem (auf keinen Fall kochen!) Bienenhonig auf und setzt ihn auf die Öffnung eines passenden Glases. So lässt man den Rettich im warmen Zimmer stehen, damit der Honig langsam durch den Rettich fließen kann. Morgens, mittags und abends den herabgeflossenen Honig, der sich mit dem Rettichsaft vermischt hat, löffelweise zu sich nehmen. Der Husten dürfte alsbald vorbei sein, weil dieses Gemisch auch zähen Schleim löst.

SCHWARZKÜMMEL

Schwarzkümmel, bei uns auch „Gretchen im Busch“ genannt, gilt als Heilmittel für fast jede Erkrankung. Er gehört zur Familie der Hahnenfußgewächse und ist verwandt mit Rittersporn und Pfingstrose.
Die Heimat des Schwarzkümmels ist der Mittelmeerraum und vor allem Nordafrika. Er lässt sich aber auch leicht aus Samen anbauen und ist mit seinen zarten Blüten eine rechte Zierde im Hausgarten.

Schwarzkümmel gehört zu den ältesten Kulturpflanzen und wurde erst jetzt „wiederentdeckt“. Seine seit dem Altertum bekannten und wertvollen Eigenschaften werden von vielen Kulturen geschätzt.
Der Samen ergibt gepresst hochwertiges Schwarzkümmelöl und ist in der Apotheke und in Reformhäusern zu kaufen.

Reines Schwarzkümmelöl wird in der Naturheilkunde als Heilmittel vor allem zur Linderung von Allergien, Neurodermitis, Schuppenflechte und zur Regulierung des Immunsystems eingesetzt. Es soll die Abwehrkräfte stärken. Der Samen entwickelt übrigens beim Mahlen oder Kauen sein ganz eigenes Aroma. Wer den Samen mit dem Mörser zermahlt und dem Kaffee zusetzt, kann damit das Aroma deutlich verbessern.

AVOCADO-SCHÖNHEITSMASKE

Wer nach einem kalten Wintertag auf der Skipiste oder dem Rodelhang etwas für seine Haut tun möchte, braucht dazu nur eine Avocado. Früher war die Avocado bei uns kaum bekannt und galt als Luxusartikel. Heute kann man sie überall kaufen und auf die unterschiedlichste Art und Weise genießen. Ursprünglich kommt die Avocado aus Mexiko, Spanien, Kenia und Südafrika. Sie wächst auf Bäumen, die eine Höhe von 20 Metern erreichen können. Die Avocado sieht fast wie eine Birne mit dunkelgrüner Schale aus. Im hellgelben Fruchtfleisch befindet sich ein großer Kern. Schale und Kern sind übrigens nicht essbar.

Für eine Gesichtsmaske brauchen Sie einen Esslöffel pürierte Avocado, die Frucht sollte sehr reif sein. Das vermischen Sie mit einem Teelöffel Naturjoghurt und einem halben Teelöffel Honig. Es soll eine homogene Masse entstehen, die Sie anschließend auf das Gesicht auftragen. Dazu sollten Sie sich hinlegen und entspannen. Sie werden merken, die Haut fängt bald an, leicht zu prickeln. Die Avocadomaske sorgt nämlich für eine bessere Durchblutung.
Nach 15 Minuten die Maske mit lauwarmem Wasser entfernen. Sie merken, diese Maske lässt die Haut herrlich weich und geschmeidig werden. Ältere Haut schaut aus wie „neu“.

Dinkel

Das Lieblingskorn der heiligen Hildegard war der Dinkel. Dinkel war bis ins 19. Jahrhundert in unseren Breitengraden das am häufigsten angebaute Getreide. Danach verdrängte der ertragreichere Weizen seine Urform. Erst im Zuge der Bio-Bewegung besann man sich auf das leicht verdauliche Getreide aus der Hildegard-Medizin.
Dinkel liefert reichlich Kohlenhydrate, dazu Ballaststoffe, wertvolles Eiweiß, das in Spuren

alle essenziellen Aminosäuren enthält, und wenig Fett. Außerdem hat Dinkel teilweise mehr Mineralstoffe und Vitamine als der hochgepriesene Weizen.
Bei den Mineralstoffen stechen besonders Eisen (Blutbildung), Magnesium (Muskelbildung, -kontraktion, Reizübertragung Nerv–Muskel) und Zink hervor. Zink sorgt unter anderem für eine gesunde Haut und gute Wundheilung. Erwähnenswert ist auch sein hoher Gehalt an Kieselsäure, die sich positiv auf Denkvermögen und Konzentration sowie auf die Gesundheit von Haut und Haaren auswirken soll.
Dinkel sorgt zudem für eine gesunde Darmbewegung und ein lang anhaltendes Sättigungsgefühl. Noch etwas spricht für ihn: Wegen seines hohen Anteils an sogenanntem Klebereiweiß (Gluten) weist Dinkel hervorragende Backeigenschaften auf.

HIRSE

Hirse, das wahrscheinlich älteste Getreide der Welt, wird heute wieder gern in den Speiseplan mit eingebaut. Wegen des relativ hohen Eiweißgehalts und den vielen Mineralien sowie Spurenelementen leistet Hirse auch einen wertvollen Beitrag zur bewussten Ernährung. Übrigens ist Hirse auch glutenfrei und kann deshalb bei Glutenunverträglichkeit problemlos gegessen werden.
Hirse eignet sich als ideale Beigabe zum Müsli. Ein geriebener Apfel wird mit drei Teelöffel gekochter Hirse vermischt. Dazu geben Sie noch zwei Teelöffel Haferflocken und genießen nicht nur eine schmackhafte Frühstücksmahl-

zeit, sondern haben gleichzeitig auch für Ihren Körper und Ihre Gesundheit etwas getan. Auch für äußerliche Anwendungen ist Hirse geeignet. Durchblutungsstörungen in den Händen kann man wie folgt behandeln: Hirse leicht anwärmen und mit einem Teelöffel Olivenöl vermischen. Diese Masse nun mit den Händen fleißig durchkneten, bis sie erkaltet. Die Masse können Sie mehrmals wieder verwenden, nur stets anwärmen. In früheren Zeiten, als es noch keine technischen Handwärmer gab, wurden Hirsesäckchen im Backrohr angewärmt. Diese steckte man sich dann gerne in die Manteltaschen, und einem langen Spaziergang im Winter stand somit nichts mehr im Wege.

SELLERIE

Der Knollen- oder Wurzelsellerie hat im Herbst und Winter Hauptsaison. Der Sellerie ist ein sehr aromatisches Gemüse, reich an Vitaminen und Mineralstoffen.
Seine ätherischen Öle regen den Stoffwechsel an. Es ist also empfehlenswert, mit Sellerie ab und zu eine kleine Kur zu machen. Die gesunde Knolle ist eine ideale Ergänzung für den Speiseplan in

den Wintermonaten. Man sollte sie nicht nur als Suppengewürz, sondern vorwiegend für Salate und Gemüse oder als Saft verwenden – es gibt viele Variationen.
Der Saft aus der Knolle ist besonders bei Heiserkeit ein bewährtes Hausmittel. Sellerietee, aus den Blättern zubereitet, fördert die Nierentätigkeit. Außerdem wirkt er fiebersenkend. Auch bei Rheuma und Gicht ist dieser Tee sehr zu empfehlen.
Schon Pfarrer Hermann Weidinger hat betont, dass eine zweimonatige Selleriekur für Gicht- und Rheumakranke sehr zu empfehlen ist. Zu diesem Zweck nimmt man zwei mittelgroße Sellerieknollen, kocht sie und isst sie täglich. Die Knolle ist gar, wenn man mit der Gabel leicht einstechen kann. Das Kochwasser ist zusätzlich zum Trinken geeignet.
Aber wie bei allen Anwendungen, die man selbst durchführen will, sollte vorab der Hausarzt gefragt werden.

Schnupfen, Husten, Heiserkeit

Jetzt hat es viele erwischt: Schnupfen, Husten, Heiserkeit oder sogar die Grippe. Da hilft nur eines: Geduld und auskurieren. Wer allerdings verschont geblieben ist, kann zusätzlich einiges unternehmen, um nicht auch noch angesteckt zu werden. Die erste Barriere in der Abwehr von Krankheitserregern sind die Schleimhäute von Mund, Nase und Augen. Dazu müssen die Schleimhäute ausreichend feucht und gut durchblutet sein. Für die Befeuchtung ist eine ausreichende Luftfeuchtigkeit wichtig. Leider ist das bei überheizten Räumen schwer zu erreichen. Zuweilen hilft das Aufstellen von Luftbefeuchtern oder einfach einem Kübel mit Wasser. Außerdem sollte man mindestens zwei Liter über den Tag verteilt trinken.
Um die Durchblutung der Schleimhäute zu fördern, sollte man sich warm genug kleiden, vor allem an den Füßen! Wird der Körper nämlich

unterkühlt, drosselt er die Durchblutung. Wechselduschen am Morgen, die man immer mit einer Kaltdusche abschließt, Saunabesuche und auch Kneippsche Anwendungen sind bewährte Mittel zur Abhärtung. Auch Inhalieren mit Salzwasser hilft, Erkrankungen vorzubeugen. Die Wirkung des heißen Wasserdampfs wird durch ätherische Öle beispielsweise Pfefferminze, Thymian oder Salbei noch verstärkt.

März

Petersilie

Ab Anfang März, sobald der Boden frostfrei ist, kann die Petersilie direkt im Freiland ausgesät werden. Bis zur Keimung sollte genügend gewässert werden, denn zu trockener Boden verzögert das Keimen des Samens. Die Keimzeit beträgt 14 bis 21 Tage. Die letzte Aussaat ist bis Mitte Juni möglich.
Man unterscheidet zwei Arten von Petersilie. Die Mooskrause Blattpetersilie wird am meisten angebaut. Ihre Blätter sind stark gekraust

und werden hauptsächlich zum Garnieren und Würzen verwendet. Die Wurzelpetersilie besitzt ein glattes Blatt, hat aber die stärkere Würzkraft. Auch die Wurzel kann verwendet werden.
Die Blätter der Petersilie werden zum Würzen von Suppen, Soßen, Fleisch, Gemüse, Eintopf, Nudel- und Reisgerichten, Salaten, Kräuterbutter, Mayonnaisen, Quark- und Käsegerichten, Eiern, Aufläufen und Kartoffelgerichten sowie zum Garnieren verwendet. Die Blätter sollen jedoch niemals mitgekocht werden. Die Wurzel wird bei Suppen mitgekocht oder wie Sellerie zubereitet.
Frische Petersilienblätter, tagsüber sparsam gekaut, verbessern den Atem. Durch den hohen Vitamin-C- und Vitamin-A-Gehalt wird der Stoffwechsel der Haut gefördert. Auch die Sehkraft, vor allem in der Dämmerung, profitiert von der Petersilie.

INGWER

Mit dem beginnenden Frühjahr und den ersten warmen Sonnenstrahlen und den doch noch niedrigen Temperaturen steigt auch wieder die Gefahr einer Verkühlung. Ein gutes Mittel, dem entgegenzuwirken, ist der Ingwer. Er wärmt innerlich, fördert die Verdauung und ist für den Magen wohltuend. Zur Teebereitung empfiehlt sich ein nussgroßes Stück, das in kleine Stücke geteilt wird. Mit einem halben Liter kochendem Wasser übergießen und genau acht Minuten ziehen lassen. Dieser Tee sollte am besten am Morgen, vor dem Frühstück, getrunken werden. Er regt die Durchblutung an und hilft idealerweise beim Abnehmen.
Frischer Ingwer kann entweder gerieben oder fein gehackt und Gerichten ohne langes Kochen

beigegeben werden. Diese Verwendungsart bewirkt einen frischen, würzigen und scharfen Geschmack. Auch unter ein Joghurt gerührt entfaltet der Ingwer seine Wirkung.
Ganz anders ist der Geschmack von gebratenem Ingwer: Brät man gehackten Ingwer in Öl oder Butter, so weicht die Schärfe zugunsten eines feinen milden Aromas.
Auch äußerlich kann Ingwer eingesetzt werden. Eine Kompresse aus einer Abkochung von Ingwersud herstellen, dazu ein Handtuch damit tränken und heiß auflegen.

TOPINAMBUR

Topinambur (Helianthus tuberosus) ist eng mit der Sonnenblume verwandt. Die eingebürgerte Indianerkartoffel stammt aus Nordamerika und wurde dort von den Indianern kultiviert.
In Frankreich ist sie seit dem 16. Jahrhundert heimisch. Dort wird auch heute noch Topinambur im größeren Maßstab angebaut.
Bei uns ist sie kaum noch verbreitet, obwohl sie schon seit dem Dreißigjährigen Krieg angepflanzt wurde. Die Kartoffeln verdrängten später die knollige Sonnenblume von den Feldern.

Wenn man sich allerdings ein wenig umschaut, dann findet man Topinambur auf Märkten, in Feinkostgeschäften und gut sortierten Gemüseabteilungen von Supermärkten.
Die Schale der Topinambur ist hauchdünn. Deshalb muss man sie nicht unbedingt schälen, es reicht, sie gut abzubürsten. Meist wird Topinambur gegart zubereitet, ähnlich wie Kartoffeln, gekocht, gedämpft oder gebraten. Topinambur versorgt den Körper mit wertvollen Inhaltsstoffen. Die Knolle liefert uns neben den Mineralstoffen und Spurenelementen wie Kalium, Kalzium, Kieselsäure und Eisen auch noch die Vitamine A, B und C. „Diabetiker-Kartoffel" wird sie auch genannt, da sie eine hohe Süßkraft besitzt und leicht verdaulich ist.

Gute-Laune-Kekse

Wenn das Wetter mit seinen Kapriolen den einen oder anderen von uns zeitweise ganz schön mitnimmt, dann helfen manchmal kleine Ruherituale, um wieder zu Kräften zu kommen. Ein Möglichkeit wäre beispielsweise eine Tasse gutschmeckender Kräutertee und dazu einige Gute-Laune-Kekse, die Sie schnell selbst backen können.

Hier das Rezept:

- 500 g Dinkelmehl
- 250 g Butter
- 15 g Honig
- 2 Eier
- 1/2 Teelöffel gemahlene Muskatnuss
- 1/2 Teelöffel hochwertigen, möglichst frisch gemahlenen Zimt
- eine Messerspitze gemahlene Gewürznelken

Und so gelingen sie:

Die Zutaten werden alle zu einem Teig verknetet und anschließend dünn ausgerollt. Dann werden beliebige Formen von Keksen ausgestochen oder ausgeschnitten. Diese werden auf ein Backblech, ausgestattet mit Backpapier, gegeben und bei circa 200 Grad goldbraun gebacken. Auskühlen lassen und in Blechdosen aufbewahren. Diese Kekse halten sich, so wusste es schon Hildegard von Bingen, wochenlang frisch. Bei Bedarf reichen schon drei bis vier Gute-Laune-Kekse und die Welt sieht gleich ganz anders aus! Probieren Sie es!

Gesichtsmaske aus Gerstenmehl

Jetzt im Frühjahr ist die beste Zeit, um auch für die Haut, besonders für die Gesichtshaut etwas zu tun. Die lange Heizperiode und das Hocken in den vier Wänden schaden auch der Haut. Sie wird trocken und spröde. Viel frische Luft, Spaziergänge sowie ein wenig Sport zaubern sofort eine frische Gesichtsfarbe. Allerdings sollten Sie nicht vergessen, bei der Bewegung

auch genügend Flüssigkeit (Wasser und Tee) zu sich zu nehmen. Alles das hilft mit, damit sich der Körper auf das Frühjahr einstellt und die „berühmte" Frühjahrsmüdigkeit keine Chance hat.
Verschiedene Masken und Cremes werden jetzt allerorts angeboten, damit der Teint wieder frisch und rosig scheint. Aber es gibt auch viele Hausmittel, mit denen sich hervorragende Gesichtsmasken herstellen lassen.

Ein Vorschlag: Ein Eiweiß zu Schnee schlagen. 100 g frisches Gerstenmehl mit so viel Honig verrühren, dass ein fester Brei entsteht. Dieser Brei wird nun mit dem Eiweiß vermischt. Die fertige Masse wird in dicker Schicht auf die vorher gründlich gereinigte Haut aufgetragen. Damit die Maske gut einzieht, mindestens eine halbe Stunde ruhen. Anschließend mit viel warmem Wasser die Reste von der Haut nehmen. Sie werden sehen, Ihre Haut wird besser durchblutet!

Ehrenpreis

Ein wenig in Vergessenheit geraten ist der Ehrenpreis. Dabei wird die Pflanze seit dem Mittelalter volkstümlich Allerweltsheil genannt. Und nicht umsonst, denn das Kraut ist wirklich vielfältig einsetzbar. Der Ehrenpreis sieht zwar auf den ersten Blick aus wie ein harmloses Unkraut, doch mit seinen leuchtend blauen Blüten verlockt er zu einem zweiten Blick. Und wie schon gesagt, der lohnt sich, denn die Heilpflanze hat es in sich. Sie wirkt blut- und hautreinigend, harn- und schweißtreibend, stoffwechselanregend sowie cholesterinsenkend. Der Tee allein schmeckt

bitter und Mischungen mit Hauhechelwurzel, Süßholz und Schachtelhalm bieten sich an.
Abkochungen helfen auch bei Hautproblemen, vor allem bei Altersjuckreiz. Teilbäder und Waschungen mit Ehrenpreis bringen spürbare Hilfe. Ebenso helfen Mundspülungen bei Zahnfleischentzündungen, und bei Halsschmerzen empfiehlt es sich, mit Ehrenpreistee zu gurgeln.

Das brauchen Sie für eine Tinktur: 20 gr Ehrenpreis werden mit 100 ml 40-prozentigem Alkohol angesetzt. Dieses Gemisch lässt man zehn Tage im Dunkeln stehen. Anschließend abseihen, abfüllen, verschließen und dunkel aufbewahren. Geschmeidiger wird die Tinktur mit einigen Tropfen Olivenöl.

GUNDELREBE

Auch die Gundelrebe zählt zu den Frühjahrsboten. Diese kleine Pflanze kann leicht übersehen werden. So kriecht der vierkantige Stängel zum Teil auf der Erde, nur der obere, blühende Teil reckt sich gen Himmel. Auffällig sind die kleinen blauen Lippenblüten, die in den oberen Blattachseln stehen. Die Blätter haben eine gewisse Ähnlichkeit mit den Efeublättern, daher

trägt die Gundelrebe auch den botanischen Artnamen hederacea, was soviel bedeutet wie efeuähnlich.
Feuchten und nährstoffreichen Boden braucht die Pflanze, und sie besiedelt daher gerne Ufer, Wiesen, Weiden und Auen. Die Gundelrebe ist recht häufig zu finden; sie wächst sogar noch in einer Höhe von bis zum 1500 Metern.
Die Inhaltsstoffe sind Gerbstoffe, Vitamin C, Kalium, einige organische Säuren sowie Saponin, ätherisches Öl und der bislang unerforschte Bitterstoff Glechomin. Die Volksmedizin nutzte das Kraut bei Katarrhen, Blasenleiden, Magenverstimmungen, Appetitlosigkeit, Gallen-, Leber- und Nierenbeschwerden sowie zum Spülen bei Mund- und Rachenentzündungen. In der Schulmedizin wird die Pflanze allerdings nicht verwendet.
Auch als Tonikum kann man die Gundelrebe verwenden, so zum Beispiel als Zugabe zum Salat – schmeckt scharf – oder auch als Tee.

KRESSE

Jetzt im Frühjahr lohnt es sich, Kresse auf den Speisezettel zu setzen. Kresse ist nicht nur gesund, sie macht auch munter. Als Heimat der Gartenkresse wird Vorderasien genannt. Gartenkresse wurde schon in den Gräbern der Pharaonen gefunden. Die Römer brachten die Gartenkresse schließlich nach Mitteleuropa. Besonders Karl der Große förderte ihren Anbau.
In der Küche finden meist nur die jungen Sprosse mit den Keimblättern Verwendung. In den zarten grünen Blättchen der Kresse steckt mehr Power, als man meinen sollte. Sie schmecken nicht nur

rettichartig scharf, Gartenkresse enthält viel Vitamin C, dazu die Vitamine B1 und K sowie Carotin, Schwefel und Eisen. Sie wirkt sehr erfrischend, wird bei Frühjahrsmüdigkeit eingesetzt und soll die Produktion roter Blutkörperchen anregen. Auch wird ihr nachgesagt, dass sie bei Haarausfall und Kopfschmerzen helfen soll.
Übrigens: Kresse passt nicht nur aufs Butterbrot, sondern auch sehr gut zu Salat, Mayonnaise, Kräuterbutter und Käse. In der Zeit nach Ostern lassen sich die übriggebliebenen hart gekochten Eier mit Kresse gut anrichten und auch servieren. Ebenfalls zu Quarkgerichten aller Art passt die Kresse ausgezeichnet.

Löwenzahn

Endlich gibt es ihn wieder, den Röhrlsalat oder genauer gesagt den Löwenzahn. Man sollte die jungen zarten Triebe ernten, bevor sich die Blüte bildet. Sie eignen sich ideal für einen Salat. Beim Sammeln sollten Sie Wiesen und Wegraine bevorzugen, an denen kein Durchgangsverkehr vorbeifließt.
Dem Löwenzahn sagt man nicht nur seit dem Mittelalter eine heilende Wirkung nach. Er ist harntreibend, entgiftend, gleichzeitig verdauungsfördernd, blutreinigend sowie belebend.
Für einen Salat brauchen Sie frische grüne Löwenzahnblätter, festkochende Kartoffeln, Zwiebeln oder Schalotten, Essig, Öl, Salz und Pfeffer. Wer will, kann mit hartgekochten Eiern

den Salat verfeinern. Am besten schmeckt Löwenzahnsalat lauwarm serviert!
Wer noch auf die Blüten des Löwenzahns warten möchte, dem sei hier ein Rezept verraten:
200 gr Löwenzahnblüten (grüne Stellen wegschneiden) mit einem Liter Wasser aufkochen und fünf Minuten kochen lassen. Dann 24 Stunden stehen lassen. Blütenblätter abseihen und den Saft von einer Zitrone beimengen. Mit einem Kilo Gelierzucker vier Minuten kochen lassen und noch heiß in Gläser füllen. Abkühlen lassen und genießen!

Leinsamen

Leinsamen ist aufgrund seines Ballaststoffgehaltes nicht nur für unsere Verdauung gut, er hat auch einen positiven Einfluss auf unseren gesamten Körper. Verwendet wird Leinsamen meistens bei Verdauungsproblemen. Er enthält sehr viele wasserlösliche und nicht lösliche Ballaststoffe. Ein Esslöffel gemahlener Leinsamen enthält beispielsweise doppelt so viele Ballaststoffe wie Haferflocken. Unlösliche Ballaststoffe erleichtern nämlich die Verdauung.

Leinsamen einzunehmen, ist ganz unproblematisch, denn es gibt viele Möglichkeiten, um den Samen in die tägliche Küche zu integrieren. Der Samen selbst ist günstig und sollte kühl und trocken aufbewahrt werden.

Ein bis drei Esslöffel geschroteten Leinsamen mit Wasser, eventuell Apfelmus und Joghurt verrühren. Dieses Gemisch über den Tag verteilt in drei Portionen einnehmen und nicht vergessen, viel zu trinken! Das Einsetzen der abführenden Wirkung kann manchmal bis zu drei Tage dauern.

Auch äußerlich ist Leinsamen hilfreich. Dazu wird zerquetschter Leinsamen in ein Säckchen aus Mull oder Leinen gegeben. Dieses wird ungefähr zehn Minuten in heißes Wasser gehängt und dann so heiß, wie man es verträgt, auf die schmerzende oder erkrankte Stelle aufgelegt.

Gelber Steinklee

Schon die griechischen Naturforscher in der Antike wussten um die besondere Wirkung des Gelben Steinklees. Der heute besonders an Straßenrändern und Bahndämmen häufig anzutreffende Steinklee kann unter günstigen Bedingungen recht hoch werden. Die anspruchslose Pflanze gedeiht auf kalkhaltigen Böden, an Wegrändern, Ackerrändern, sogar auf Mauern und Schuttplätzen.
Eingesetzt wird sie gern als Kompresse bei Drüsen- und Gelenkschwellungen. Steinklee gilt als entzündungshemmend und schmerzlindernd. In früherer Zeit hatte man daheim immer einige Steinkleekissen parat. Die kamen entweder in den Wäscheschrank, weil sie einen angenehmen Duft verbreiteten, oder wurden mit heißem Wasser übergossen und dienten so als Kompresse bei Geschwüren und Furunkeln.

Heute hat sich die Zubereitung eines Breiumschlages durchgesetzt. Dazu brauchen Sie ein Mullsäckchen, das mit einem Teelöffel geschnittenem Steinklee gefüllt und mit heißem Wasser übergossen wird. Diese Kompressen werden aufgelegt.

Zur Teebereitung ein bis zwei Teelöffel voll geschnittenem Steinklee mit siedendem Wasser übergießen, kurz ziehen lassen, abseihen und täglich zwei bis drei Tassen trinken.

Brennnessel

Die Brennnessel ist auch eine jener Pflanzen, die jetzt im Frühjahr überall zu finden sind: an Wegrainen, im Garten, auf der Wiese. Frisch gezupfte Blätter, vorsichtig gesammelt, lassen sich vielfach verwenden. Die Brennnessel gilt auch als Heilpflanze und ist eine der bekanntesten Kräuter in unseren Breiten. Die Ursache für die brennenden Schmerzen und juckenden Quaddeln ist die Ameisensäure. Noch heute wird die „Urtikation" bei Rheuma und Arthritis angewandt.
Die junge, frische Brennnessel wirkt blutreinigend bei Hautkrankheiten, stimuliert die Verdauungsdrüsen (in Magen, Darm, Bauchspeicheldrüse, Leber, Galle) und hat zudem eine blutzuckersenkende, entgiftende und stoffwechsel-

anregende Wirkung. Kraut, Blätter und Samen enthalten viel Vitamin C, Vitamin A, Mineralsalze (vor allem Kalium und Kalzium), Chlorophyll, Karotinoide und organische Säuren. Junge Blätter und Triebe besitzen noch keine Brennhaare, so dass sie als nährstoffreiches Gemüse oder Salat unbesorgt verzehrt werden können. Auch als Brennnesselsuppe allein ist die Pflanze sehr schmackhaft! Darüber hinaus schmeckt die Brennnessel als Tee ziemlich gut. Frische Blätter pflücken, kurz ziehen lassen. Sie haben eine entwässernde Wirkung.

Tee aus frischen Nussblättern

Im Mai ist genau die richtige Zeit, um eine Aufbaukur mit einem Tee aus frischen Nussblättern zu beginnen. Dieser Tee erfrischt, entschlackt, reinigt Blut und Haut und soll auch helfen, entzündliche Vorgänge im Organismus zu unterbinden.

Die Nussbaumblätter gut waschen und klein hacken. Zwei Teelöffel werden davon mit einer Tasse kochendem Wasser übergossen, zwei Minuten ziehen gelassen und mit etwas Honig gesüßt. Täglich zwei Tassen davon trinken. Der Nussblättertee ist ein gut wirkendes Mittel bei Verdauungsstörungen, also Stuhlverstopfung, Appetitlosigkeit und zur Blutreinigung. Erfolgreich angewendet wird er auch bei Zuckerkrankheit und gegen Gelbsucht. Dieser Tee wird schwangeren Frauen bei Verstopfung empfohlen.

Ein Nussblätterabsud als Badezusatz (100 g pro Bad) ist wirksam bei eiternden Finger- und Zehennägeln. Waschungen und Bäder helfen weiter bei Akne, eitrigen Ausschlägen und Fußschweiß. Bei Zahnfleisch-, Hals- und Kehlkopferkrankungen können Spülungen mit Nussblättertee gemacht werden. Selbst gegen Kopfläuse ist dieser Absud ein ausgezeichnetes Mittel. Frische Blätter vom Nussbaum vertreiben unerwünschte Insekten. Die Blätter kann man im Kleiderschrank auslegen.

Kapuzinerkresse

Die Kapuzinerkresse stammt aus Südamerika, wo fast 80 verschiedene Arten dieser Pflanze wachsen. In ihren Heimatländern werden die frischen Blätter zur Wundbehandlung genommen. Bei uns zieht man die rot oder gelb blühende Kletterpflanze als Zierpflanze, sie wird aber auch als Küchenkraut verwendet.
Die Blüten und die jungen Samen eignen sich als Gewürz in Salaten, am besten in Verbindung mit Meerrettich. Sie haben einen würzigen, scharfen Geschmack und lassen sich auch gut mal nebenbei essen. Achten Sie aber bitte darauf, nicht zu viel zu essen, sonst kann es zu Reizungen von

Magen und Darm kommen. Die schönen Blüten eignen sich übrigens gut als Dekoration für Käse- oder Wurstplatten.
Kapuzinerkresse wie auch die Gartenkresse wirken entzündungshemmend und antibakteriell. Somit hat die Kapuzinerkresse die angenehme Eigenschaft, nicht nur ein gutes Gewürz zu sein, sondern sie ist gleichzeitig auch ein pflanzliches Antibiotikum. Ferner nutzt man die Pflanze gegen Infektionskrankheiten, insbesondere im Nierenbereich. Kapuzinerkresse soll auch die körpereigene Abwehr aktivieren. In der Volksheilkunde verwendete man die Pflanze auch als Hautdesinfektionsmittel.

EINEN KRÄUTERGARTEN ANLEGEN

Jetzt ist die ideale Pflanzzeit und auch die Gelegenheit, einen eigenen Kräutergarten anzulegen, denn die Frühlingssonne lässt sie so richtig sprießen, die Kräuter in unserem Garten. Kräuter und Gewürze verfeinern nicht nur unsere Speisen, sie sind auch gesund und bringen mehr Geschmack in unsere Küche.

Wer keinen Garten hat, kann auch einen Blumenkasten auf dem Balkon bepflanzen. Mein Vorschlag wäre: Zitronenmelisse, Kapuzinerkresse, Salbei und Oregano.
Zitronenmelisse ist reich an ätherischem Öl, das eine beruhigende und nervenstärkende Wirkung hat, bei unregelmäßiger Herzfunktion hilft und bei Migräne, Schlaflosigkeit, nervösen Schlaf- und Magenbeschwerden angewendet wird.

Melisse wirkt krampflösend, vor allem bei Krämpfen

nervöser Ursache oder bei Verstimmungen auch der Unterleibsorgane.
Am bekanntesten ist Salbei als Heilpflanze gegen Halsschmerzen und durch seine schweißhemmende Wirkung. Doch der Salbei kann viel mehr. Man kann ihn gegen fast alle Erkrankungen einsetzen, sagt zumindest der Volksmund. Als Tee kann man den Salbei gegen Halsentzündungen aller Art trinken. Er hilft auch gegen Husten, Kehlkopfentzündungen und andere Erkältungserscheinungen.

Liebstöckel

In der Küche ist der Liebstöckel als Maggikraut bekannt und würzt mit seinen Blättern Kräuterquark und Suppen aller Art. Der Liebstöckel ist in Europa heimisch, kommt aber ursprünglich aus südlichen Ländern. Er liebt sandige und gut gedüngte Böden, kommt aber auch mit anderen Böden klar.
Wenn die mehrjährige Pflanze im Garten erst einmal einen Lieblingsplatz gefunden hat, kommt sie jedes Jahr wieder. Ihre ausdauernde Wurzel treibt im zeitigen Frühjahr kraftvolle Triebe, die zuerst rötlich sind, aber bald grün werden. Die Triebkraft der ersten Sprosse ist enorm, und die Pflanze wächst von Tag zu Tag so sehr, dass man nur so staunt.

Hauptsächlich wird Liebstöckel bei Verdauungsproblemen eingesetzt. Er stärkt den Appetit, wirkt Abmagerung entgegen und stärkt die Verdauungsorgane so, dass sie die gegessene Nahrung auch gut verdauen können. Außerdem wirkt Liebstöcke gegen Blähungen.

Aus den Blüten bilden sich Samen, die man ernten, trocknen und als Heilmittel oder Gewürz benutzen kann. Man kann Liebstöckelsamen, die Wurzel oder die Blätter als Tee oder Tinktur einnehmen oder man würzt die Speisen mit Samen oder Blättern. Im Tee schmeckt der Liebstöckel sehr würzig.

GOLDMELISSE

Eine mehrjährige, bis 150 Zentimeter hohe Pflanze ist die Goldmelisse. Die Blätter sind gegenständig angeordnet, breit, gezähnt und riechen aromatisch. Die Blüten haben eine intensiv scharlachrote Farbe. Die Goldmelisse sollte vegetativ vermehrt werden. Zum Vermehren Ausläufer des kräftigen Wurzelstockes teilen.

Die Pflanzen blühen je nach Sorte von Juni bis in den September hinein. Sie gehören zu den langlebigen Stauden und ziehen besonders Bienen (Vorsicht bei Allergikern!) und Schmetterlinge an. Die Goldmelisse benötigt viel Feuchtigkeit und verträgt auch gut den Halbschatten. Außerdem ist diese Pflanze geeignet für naturnahe Pflanzungen, aber auch für die Gestaltung eines Teichrandes geradezu ideal.
Bekannt ist die Goldmelisse auch als Indianernessel. Diese Sorte hat ein süßes Bergamottaroma, wie Earl-Grey-Tee. Man kann mit einer Handvoll von ihnen einen Kräuter-Earl-Grey machen. Mit den Blütenfähnchen kann ähnlich wie mit Holunderblüten ein hervorragendes Erfrischungsgetränk zubereitet werden. Auch als Dekoration in Salaten und anderen Gerichten kann die Goldmelisse verwendet werden, beispielsweise im Gemüse, zu Nudelgerichten, zu Fisch, zu Schweinefleisch und selbst zu Hühnerfleisch.

Borretsch

Borretsch (Borago) oder auch das sogenannte Gurkenkraut wird bei uns jetzt überall in den Gärten angetroffen. Borretsch blüht nämlich von Juni bis August. In der Küche werden sowohl die Blätter als auch die Blüten frisch verwendet. Sie schmecken ausgezeichnet als Würze im Salat und in Kombination mit Quark und Joghurt. Geerntet werden die jungen Triebspitzen. Angenehm für Gärtner und Küchenmeister: Der Borretsch wächst wieder nach und verzweigt sich dabei sogar.

Borretschblätter riechen übrigens nach Gurken, daher auch der Name, sie schmecken leicht und erfrischend gurkenähnlich. Das frische Kraut

eignet sich für frische Salate aller Art, in Dips und Mayonnaisen und feingehackt in Kräuterbutter. Ältere Blätter kann man zu Mangold oder Spinat geben, sie verbessern den Geschmack und auch die Farbe.
Die essbaren Blüten sind eine außergewöhnliche Dekoration in Salaten und in sommerlichen Getränken. Besonders hübsch schauen in Eiswürfel eingefrorene Blüten aus.
Das Öl der Borretschsamen enthält ähnliche Substanzen wie Nachtkerzenöl. Es eignet sich deshalb besonders gut zur Pflege von sensibler, leicht reizbarer Haut. Es wird auch erfolgreich bei Neurodermitis eingesetzt.

PESTO MIT JUNGEM KNOBLAUCH

Nur kurze Zeit im Jahr erhältlich ist der junge Knoblauch. Aber jetzt gibt es ihn, und es lohnt sich, ihn in der Küche zu verwenden. Nicht nur wegen seines besonderen Geschmacks, sondern auch weil er sehr gesund ist. Knoblauch ist roh oder gekocht gleichermaßen schmackhaft. Von dem jungen Knoblauch sind sogar die jungen Blätter verwendbar, beispielsweise ganz fein gehackt in verschiedenen Salaten.

Der Knoblauch gehört wie auch die Zwiebel oder die Schalotte zur Familie der Liliengewächse. Sein charakteristischer Geruch und Geschmack hat ihn zu einem der bekanntesten Würzgemüse gemacht. Er ist vielseitig einsetzbar und fehlt in fast keiner Küche.
Vorschlag für ein Pesto: Sie brauchen ungefähr 100 Gramm frische Basilikumblätter, 40 Gramm Pinienkerne, 60 Gramm frisch geriebenen Parmesan, 4 Knoblauchzehen und 100 ml kaltgepresstes Olivenöl, zum Würzen noch Salz und Pfeffer. Die Zutaten alle in einem Mixgerät fein pürieren. Anschließend nach und nach das Olivenöl unterschlagen. Das Pesto lässt sich kurzfristig gut verschlossen im Kühlschrank aufbewahren. Ansonsten reicht es für vier Portionen Pasta. Dazu wird es unter die gekochten Nudeln gehoben. Eventuell noch mit Crème fraîche abschmecken.

ERDBEEREN

Sie haben einen hohen Gehalt an Eisen, Kalzium, Kalium, Phosphor, Provitamin A, alle B-Vitamine und obendrein noch viel Vitamin C. Und, was auch noch mehr zählt, nach dem Verzehr bildet sich der Glücksbotenstoff Serotonin. Was will man also mehr?
Und es ist so einfach, sich schnell so viel Gutes zu tun. Sie brauchen nur eine Schüssel voll Erdbeeren. Jetzt hat auch die heimische Ernte begonnen, und da heißt es zugreifen: Denn Erdbeeren lassen sich weder gut einfrieren noch aufbewahren. Sie werden schnell matschig. Daher frisch genießen und zulangen, solange es welche quasi vor der Haustür gibt, lautet die Devise.
Erdbeeren und das Kraut der Pflanze werden seit jeher in der Medizin recht erfolgreich eingesetzt. Der Saft der Erdbeere soll außerdem dazu beitragen, das Blut zu reinigen. Ein Tee, aus den

Blättern zubereitet, hilft gegen Durchfall und auch bei Nachtschweiß. Für eine Teezubereitung empfiehlt es sich, zwei Teelöffel zerkleinerter Blätter mit einer Tasse kochendem Wasser zu übergießen und kurz ziehen zu lassen. Anschließend abseihen und warm trinken.
Ein Tipp noch zum Schluss: Als Marmelade eingekocht, verlängern Erdbeeren den Sommer, allerdings wohlschmeckend im Glas!

Pfefferminze

Die Pfefferminze ist bestimmt jedem als Kräutertee bekannt, den man auch trinkt, wenn man nicht krank ist. Auch als Haustee im Alltag ist sie beliebt, weil sie so erfrischend schmeckt. In arabischen Ländern ist die Minze sogar allgegenwärtiges Nationalgetränk.

Dabei hat die Pfefferminze eigentlich eine ziemlich starke Heilwirkung und ist von daher gar nicht allzu sehr als Haustee geeignet. Wer sie aber gut verträgt, braucht nicht auf seinen regelmäßigen Pfefferminztee zu verzichten. Pfefferminze wächst ziemlich unkompliziert in Hausgärten und kommt Jahr für Jahr wieder, wenn sie erst einmal heimisch geworden ist. Die Pfefferminze wird bevorzugt als Tee eingesetzt. So hilft sie innerlich bei Magen-Darmbeschwerden und auch Kopfschmerzen. Für die äußerliche Anwendung kann man den Teeaufguss für Bäder, Waschungen und Kompressen verwenden. Gegen Kopfschmerzen kann man Stirnumschläge mit Pfefferminztee machen. Als ätherisches Öl kann man die Pfefferminze bei Erkältungen inhalieren oder einreiben. Das ätherische Öl ruft zunächst ein Kältegefühl, anschließend aber ein Wärmegefühl hervor. Es lindert Schmerzen und löst Krämpfe.

GEWÜRZNELKE

Meistens stellen sich Zahnschmerzen dann ein, wenn man sie am allerwenigsten gebrauchen kann: im Urlaub, am Wochenende oder wenn der Zahnarzt nicht erreichbar ist. Ein erstaunlich wirksames Hausmittel ist die Gewürznelke. Plagen Sie plötzlich akute Zahnschmerzen, so können Sie sich mit einer Gewürznelke eine kurze Galgenfrist erkämpfen. Einfach eine getrocknete Gewürznelke in unmittelbarer Nachbarschaft zum schmerzenden Zahn zerbeißen. Danach müsste der Schmerz rasch nachlassen. Dieser Tipp ist allerdings nicht für langfristige Selbstmedikation geeignet, sondern soll nur helfen, bis am nächsten Tag der Zahnarzt aufgesucht werden kann.

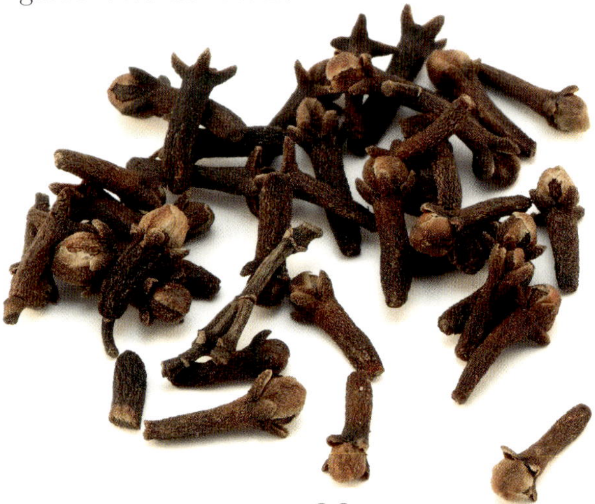

Das ätherische Öl der Gewürznelke wird in der Zahnmedizin verwendet. Es ist stark keimtötend und schmerzstillend. Schon unsere Vorfahren kannten Nelken als erprobtes Hausmittel gegen Zahnweh.

Nelkentee lindert Schmerzen aller Art, auch Menstruationsbeschwerden. Überbrühen Sie drei bis vier Nelken mit einer Tasse heißem Wasser. Lassen Sie diese Mischung dann rund 20 Minuten ziehen. Zweimal täglich eine Tasse vor dem Essen trinken. Wie bei allen Tipps gilt auch hier: Länger andauernde Schmerzen gehören unbedingt in der Arztpraxis abgeklärt!

KERBEL

Ein Kraut, das eigentlich in keinem Kräuterbeet fehlen sollte, ist der Kerbel. Es ist zart und sollte möglichst frisch verwendet werden, damit es seine Würze und sein kräftiges Grün auf den Teller bringen kann. Kerbel ist ein einjähriges, wohlriechendes Gewürzkraut und geradezu ideal geeignet, um Suppen, Soßen, Fisch und Fleischgerichte zu verfeinern. Salzigen Omeletts sowie

Quark- und Joghurtmischungen und Rohkostsalaten gibt er eine pikante Note.
Auf den ersten Blick könnte man Kerbel fast mit der Petersilie verwechseln. Aber wer genauer hinschaut, erkennt den Unterschied: Kerbel hat zierliche, gefederte Blätter. Das leicht duftende Kerbelkraut kann bis 60 Zentimeter hoch werden. Geschmacklich erinnert Kerbel leicht an Anis und Fenchel. Und wer diese Gewürze mag, der mag auch Kerbel und Gerichte, die mit ihm zubereitet werden.
Mit diesem Kraut wurden schon im Altertum viele Speisen gewürzt. Auch wurde es für die Heilung von allerlei Krankheiten erfolgreich verwendet. Kerbel half angeblich gegen Frühjahrsmüdigkeit, Kreislaufstörungen, bei Gelbsucht, Appetitmangel sowie bei Blasenleiden. Kerbel wirkt blutreinigend, stoffwechselanregend und harntreibend. Ein Tee aus den Blättern ist schnell zubereitet.

Kirschkernkissen selber machen

Wer tüchtig Kirschen isst, hat auch jede Menge Kerne. Die sollten Sie nicht wegwerfen, sondern sammeln und zu einem Kirschkernkissen verarbeiten. Ein solches Kissen sollte in keinem Haushalt fehlen. Es ersetzt quasi eine Wärmflasche. Die Kerne werden gereinigt und gewaschen. Anschließend füllen Sie die Kirschkerne in ein Baumwoll- oder Leinensäckchen. Bei Bedarf wird es kurz in den Backofen gelegt und erwärmt. Vorsicht ist bei der Mikrowelle geboten, da hier die Temperatur sehr schnell sehr hoch und zu heiß sein kann. Kleine Kirschkernkissen werden gerne bei den so genannten Drei-Monats-Koliken bei Säuglingen eingesetzt. Aber

auch bei rheumatischen Erkrankungen und bei Verkühlungen findet ein Kirschkernkissen seinen Einsatz.
Die Wirkungsweise resultiert aus der Eigenschaft der Kirschkerne, Wärme schnell aufzunehmen und diese dann sehr lange speichern zu können. Über einen längeren Zeitraum hinweg wird die Wärme konstant abgegeben.

AUGUST

HEIDELBEEREN

Im August gibt es viele Schwarz- oder Heidelbeeren. Wer selber sammeln kann und mag, braucht nur genügend Gefäße in den Wald mitzunehmen und zu suchen. Heidelbeeren schmecken nicht nur frisch mit Schlagsahne und Eis, sondern sind auch sehr gesund.
Sie enthalten eine hohe Menge an Gerbstoffen, Fruchtsäure, Flavonoide und Vitamin C. In und unter der Schale der Heidelbeeren verbirgt sich ein hoher Anteil von Vitamin C, Beta-Carotin, Vitamin E und Anthocyanen. Diese Stoffe fangen gemeinsam so genannte Radikale ab und verhindern Oxidationsprozesse im Körper. Das schützt nicht nur vor zahlreichen Krankheiten, sondern bremst auch den sichtbaren Alterungsprozess der Haut.
Bei Schleimhaut-

entzündungen und Durchfall hilft ein Tee aus getrockneten Beeren. Die Gerbstoffe der Heidelbeere haben eine antibakterielle und leicht schmerzstillende Wirkung. Außerdem wirken die Heidelbeeren fiebersenkend. Das ist vor allem bei Kindern wichtig, da sie bei Fieber stets viel trinken sollten, Erwachsene natürlich auch. Heidelbeeren eignen sich nicht nur für den Sofortverzehr, sondern auch gut, um Marmeladen und Säfte daraus zu kochen. Ihre Wirkung bleibt dadurch auch erhalten.

DILL

Den ganzen Sommer über lässt sich Dill ernten. Die Pflanze ist nicht sehr anspruchsvoll: Sie mag es sonnig und warm und, weil sie so feingliedrig ist, gerne windstill. Wer dem Dill ein solches Plätzchen bieten kann, wird reich belohnt: Der Dill wächst unaufhörlich. Der Boden muss dafür nicht einmal sehr nährstoffreich sein.
Dill liefert zwei leicht verschiedene Gewürze: Einerseits verwendet man die getrockneten Früchte, andererseits das frische oder getrocknete Kraut, das allerdings beim Trocknen viel Aroma verliert.
Das meiste Aroma bringt frisch geernteter Dill mit, wenn er direkt nach Sonnentagen geschnitten wird. Trocknen und einfrieren lässt Dill sich auch, aber er verliert dabei an Würzkraft und Aroma.

Die Dill-Samen sind erntereif, wenn sie sich bräunlich verfärben. Schneiden Sie die Erntestände ab und hängen Sie diese kopfüber zum Trocknen über einem Tuch auf. Wenn die Samen fertig getrocknet sind, fallen sie von selber ab. Heilkräftigend jedoch sind vorwiegend die Samen der einjährigen Pflanze. Die Samen enthalten carvonhaltiges ätherisches Öl. Dill wirkt appetitanregend, lindert Blähungen, fördert die Verdauung (gut bei Darmträgheit) und weist eine schwach antibakterielle Wirkung auf. Außerdem ist Dill reich an Magnesium.

Augentrost

Von Juli bis in den Oktober hinein lässt sich der Augentrost sammeln. Die Heilpflanze findet man auf trockenen Wiesen, Weiden und Heiden, an Wegrändern und ganz besonders häufig an trockenen Abhängen. Auch in lichten Wäldern und bis in Höhen von 2.000 Metern ist sie zu finden. Verwendet werden von der Pflanze das Kraut, die Blätter und die Blüten. Die weiße

Blüte dieser Heilpflanze erinnert mit ihren violetten Längsadern, dem gelben Fleck und der schwarzvioletten Mitte ein wenig an ein Auge, daher auch der Name.
Viele von uns leiden unter übermüdeten Augen, sei es wegen langer Autofahrten, Arbeit am Computer, aber auch durch zu langes Fernsehen. Da können die Augen schon einmal brennen.
In diesem Fall kann eine Augenkompresse besonders wirksam sein.
Für den Sud brauchen Sie 40 Gramm getrocknetes Kraut, das Sie mit 1 Liter Wasser 10 Minuten kochen lassen. Dann 5 Minuten ziehen lassen, abseihen und lauwarm verwenden.
Dazu tauchen Sie ein großes Taschentuch in Augentrosttee, winden es soweit aus, dass es nicht mehr tropft, und legen es über die Augen. Solche Umschläge helfen mit, durch Überanstrengung geschwächte Augen zu beruhigen.

VOGELMIERE

Sie wird als Pionierpflanze bezeichnet, da sie sich überall ansiedelt, wo noch nichts wächst, beispielsweise auf Schuttplätzen und Brachland. Die Rede ist von der Vogelmiere. Ihre zarten weißen Blüten zeigt sie das ganze Jahr über. Ihren Namen hat sie, weil die Samen und Blätter gern von Vögeln, vor allem Hühnern, gefressen werden.
Für uns ist sie jedenfalls eine wertvolle Pflanze. Der hohe Gehalt an Vitaminen und Mineralien macht sie zu einer hilfreichen Unterstützerin bei

jeder Entschlackungskur. Sie reinigt das Blut und die Haut von innen und gibt neue Kraft.
Lange war die Vogelmiere in Vergessenheit geraten, bis sie Pfarrer Kneipp im 19. Jahrhundert wieder in Erinnerung brachte. Er empfiehlt die Heilpflanze bei Husten und Atemwegserkrankungen und zur Blutbildung. Auch bei Nieren- und Blasenleiden wird sie eingesetzt, ebenso hilft sie bei Hautleiden. Außerdem wird die Vogelmiere gegen Hämorrhoiden sowie bei Blutungen empfohlen. Äußerlich wird sie zudem bei Quetschungen angewandt.
Übrigens: Sind die Blüten der Vogelmiere vollständig geöffnet, wird mindestens die nächsten vier Stunden lang noch die Sonne scheinen, sagt man.

SEPTEMBER

HAUHECHEL

Die Hauhechel ist ein kleiner Strauch aus der Familie der Hülsenfrüchte. Die rosafarbenen bis roten Blüten sind leicht zu erkennen. Doch die (weichen) Dornen können schmerzhaft pieksen, wenn man ihnen zu nahe kommt.
Die Pflanze ist in ganz Europa verbreitet. Sie wächst wild auf trockenen Wiesen und an Waldrändern. Ihr Name kommt daher, dass die bis zu 50 Zentimeter tief in den Boden reichende Wurzel früher mühsam mit der Haue ausgegraben wurde.
Die getrocknete Wurzel der Hauhechel wird zur Blutreinigung bei Frühjahrs-, aber auch bei Schlankheitskuren verwendet. Auch gegen Blasenentzündung und Nierensteine wird die Wurzel gern eingesetzt.
Man übergießt zwei Teelöffel der getrockneten und zerkleinerten Wurzel mit einem Viertelliter heißem Wasser und lässt diesen Tee an einem warmen Ort eine halbe Stunde lang ziehen. Zwei Tassen pro Tag sollte man trinken, mehr nicht.
Die getrocknete Wurzel wird als mild wassertreibendes Mittel zur Durchspülungstherapie

bei Infektionen der ableitenden Harnwege, bei Nierengrieß und auch zur Vorbeugung von Nierensteinen verwendet. Die volksmedizinische Anwendung bei Gicht und Rheuma ist allerdings nicht belegt.

WEINRAUTE

In den Klöstern des Mittelalters durfte die Weinraute nicht fehlen, weil sie als unentbehrliche Heilpflanze galt. Doch inzwischen wird sie fast nur noch von Liebhabern alter Pflanzensorten kultiviert und kommt selten vor. Dabei ist sie eine wertvolle Heilpflanze vor allem gegen Verkrampfungen. Auch in den Wechseljahren kann sie wertvolle Dienste zur Linderung der typischen Beschwerden leisten.

Sie wurde früher zum Würzen von Wein und Grappa und natürlich in der Heilkunde verwendet. Das Aroma der Weinraute ist allerdings recht streng und nicht jedermanns Sache. In der Küche sollte man auf jeden Fall sparsam damit umgehen.
Die Blätter der Weinraute kann man als Tee trinken, täglich allerdings höchstens drei Tassen. Der Tee hilft gegen Verdauungsbeschwerden, die durch Verkrampfungen oder mangelnde Durchblutung hervorgerufen werden. Auch bei Menstruationsbeschwerden kann die Weinraute helfen.
Die Weinraute ist ein äußerst dekorativer Strauch für den Garten. Sein blaugrünes, zart gefiedertes Laub setzt schöne Kontraste zum üblichen Grün. Auch die gelbgrünen Blüten sind hübsch. Ihre Kreuzform, sagt man, soll das Vorbild für das „Kreuz“-Emblem auf Spielkarten sein.

ZWETSCHKEN

Die Zwetschken zählen mit zu unserem Lieblingsobst. Wenn sie auch nicht mit der Beliebtheit der Äpfel mithalten können, gerne gegessen werden sie trotzdem. Im September werden die saftigen Früchten geerntet. Natürlich ist die Zwetschke nicht nur schmackhaft, sondern auch gesund und reich an Inhaltsstoffen. Vor allem Spurenelemente sowie Kalzium, Eisen, Vitamin A und Vitamin C machen sie so nahrhaft. Roh vom Baum oder als Kompott genossen, bieten die Zwetschken noch viele Möglichkeiten des Genießens. Wer Zeit und Muße hat,

kann jetzt Marmelade oder gar Mus zubereiten. Zwetschkenfleck, Germknödel und Zwetschkenknödel sind nur einige Gerichte aus der traditionellen böhmisch-österreichischen Küche, bei denen Zwetschken eine wichtige und köstliche Beilage sind.
Getrocknete Zwetschken oder Pflaumen sind, über Nacht eingeweicht, ideal, um die Verdauung wieder in Schwung zu bringen. Es reichen schon vier Stück, die morgens zum Frühstück, beispielsweise auch in einem Müsli, gegessen werden.
Schließlich und endlich spielt die Zwetschke auch eine nicht unwesentliche Rolle in der Schnapserzeugung. Ein Verdauungsschnaps hat schon so manchen Magen kuriert.

MALVENBLÜTEN-SPITZWEGERICH-TEE

Jetzt beginnt wieder die Jahreszeit, die bei empfindlichen Menschen für Verkühlungen sorgt. Morgens ist es noch kalt, tagsüber dann wieder recht warm. Bei diesen Temperaturschwankungen kommt es leicht zu einer Schleimhautreizung im Mund- und Rachenraum und damit oft verbundenem trockenem Reizhusten.
Hilfreich ist da ein Tee aus Malvenblüten und Spitzwegerich. Sie brauchen dazu einen Esslöffel getrocknete Kräuter (Malvenblüten und Spitzwegerichblätter zu gleichen Teilen). Die Kräuter in eine Teekanne geben und 1/4 Liter kaltes Wasser darübergießen. Das Ganze 30 Minuten ziehen lassen, zwischendurch gelegentlich umrühren. Den Kaltauszug abseihen und schluckweise kalt oder leicht erwärmt trinken. Die in den Pflanzen enthaltenen Schleimstoffe legen sich schützend um entzündete Schleimhäute

und verhindern das Eindringen weiterer Keime. Auch zum Gurgeln sind Malvenblüten geeignet. Entweder man verwendet selbst gesammelte und getrocknete oder besorgt sie in der Apotheke. Auf 1/4 Liter kaltes Wasser einen Teelöffel Malvenblüten geben. Über Nacht ziehen lassen. Dann vorsichtig erhitzen, nicht kochen, abseihen und damit so oft wie möglich gurgeln.

FRAUENMANTEL

Der Frauenmantel hat große, halbkreisförmige Blätter, die in sich regelmäßig gefaltet sind. Das verleiht ihm mit ein bisschen Fantasie das Aussehen eines Mantels. Der Gedanke an einen Schutzmantel ist daher nicht weit. Denken wir nur an die vielen Schutzmantelmadonnen. Dadurch entstand früher auch die Überzeugung, dass diese Pflanze heilende Wirkung für Frauen

haben muss. Und wie sich zeigt, nicht zu Unrecht. Der Frauenmantel kann als ein wahres Allheilmittel angesehen werden, was „Frauenleiden" betrifft.
Ein Tee aus der Pflanze hilft bei Unterleibskrämpfen, Unregelmäßigkeiten im Zyklus oder zu starken Monatsblutungen. Für den Tee nimmt man ungefähr einen Teelöffel getrocknetes Kraut pro Tasse. Das wird mit kochendem Wasser übergossen und sollte 10 Minuten ziehen. Aufgrund des hohen Gehalts an Gerbsäure hat der Tee einen etwas strengen Geschmack. Deshalb sollten Sie im Zweifelsfall lieber sparsam dosieren. Wer zu Entzündungen im Unterleib neigt, sollte den Tee vorbeugend trinken.
Aus frischen Blättern lässt sich ein Kaltauszug herstellen. Dieser wird erwärmt und ins Bad gegossen. Das tut gut bei Hautunreinheiten.
Regelmäßige Waschungen mit Frauenmanteltee straffen und festigen das Gewebe.

Schwarzer Holunder

Der Schwarze Holunder, bei uns Holler genannt, wird in diesen Tagen reif. Die anfangs roten, später schwarzen, ungefähr sechs Millimeter großen „Beeren“ (eigentlich Steinfrüchte) sind sehr Vitamin-C-reich. Während diese Früchte reifen, färben sich auch die Stiele, an denen sie sitzen, rötlich. Die Beeren sind nach dem Abkochen oder Vergären essbar. Holundersaft und die Holunderbeeren, aber auch Tees aus Rinde und Blütenständen gelten als Hausmittel gegen Erkältung. Als Faktoren

dieser Wirkung gelten die in den Früchten enthaltenen Vitamine C und B, Fruchtsäuren, ätherische Öle, die auch in den Blüten enthalten sind, Flavonoide und vor allem das farbgebende Anthocyan. Dieses Antioxidans schützt die Zellmembranen vor Veränderungen durch freie Radikale und verlangsamt so den Alterungsprozess der Pflanzenzellen wie auch der Zellen des menschlichen Körpers. Die ätherischen Öle mit ihren Aromakomplexen wirken leicht schweißtreibend und schleimlösend. Auch bei Magenbeschwerden wird Holundertee in der Hausmedizin erfolgreich angewandt. Die Blütendolden schmecken ebenso als Hollerküchel oder Hollerschöberl. Auch zur Sektbereitung lassen sich Holunderblüten verwenden.

BALDRIAN

Katzen mögen den Duft ganz besonders gern, daher wird der Baldrian auch Katzenkraut genannt. Die Blüten, die zart und angenehm duften, werden im Juli oder August gesammelt. Jetzt im Herbst wird der Wurzelstock ausgegraben. Frisch verarbeitet ist er wirksamer. Man kann ihn aber auch reinigen und trocknen. Baldrian ist anspruchslos und kann deshalb im Garten angepflanzt werden. Man findet Baldrian in feuchten Wäldern, auf feuchten Wiesen und in der Nähe von Ufergebüschen.

Bei allen Zuständen von Nervosität, Schlaflosigkeit und vielen psychosomatisch bedingten Krankheiten, beispielsweise Magengeschwür oder -krämpfe, kann Baldrian als Tee, Tinktur oder Pulver eingesetzt werden.
Bei Schlaflosigkeit empfiehlt sich vor dem Schlafengehen ein Tee aus Baldrian, Hopfen, Beifuß und Melisse, der in kleinen Schlucken langsam getrunken wird. Die Wirkung wird unterstützt, wenn man auf Alkohol, Kaffee, schwarzen Tee und Tabak gänzlich verzichtet.
Da Baldrian nicht müde macht, kann er auch bei Prüfungsangst eingesetzt werden. Inzwischen gibt es Baldrianprodukte ja schon in jedem Supermarkt. Sie können durchaus Psychopharmaka ersetzen, weil sie nicht nur ungefährlicher wirken, sondern auch nicht süchtig machen.

HAGEBUTTEN

Die reifen Hagebutten werden jetzt, im Herbst, gesammelt. Finden lassen sie sich überall, an Wegrändern und an Waldlichtungen. Die Früchte werden aufgeschnitten und schnell getrocknet. Das kann im Backofen geschehen, wenn die Temperatur nicht höher als 40 Grad ist.
Ihre Wirkstoffe machen die Hagebutte zu einer wertvollen Heilpflanze, die in Erkältungszeiten auch vorbeugende Wirkung hat. Man bereitet sich dazu einen Tee aus zwei gehäuften Kaffeelöffeln der zerkleinerten, getrockneten Früchte, die man mit 1/4 Liter Wasser übergießt. Diese

Mischung wird zum Sieden erhitzt und muss zehn Minuten kochen. Hagebuttentee können Sie auch in der Thermoskanne auf Reisen mitnehmen. Seine Wirkung wird dadurch kaum geringer – wenn es nicht gerade Wochen dauert. Bei Fieber wirkt der Tee erfrischend, außerdem werden durch das Vitamin C die Abwehrkräfte des körpereigenen Immunsystems erhöht; immerhin enthalten Hagebutten fünfmal mehr von diesem Vitamin als die hochgelobten Zitronen. Interessant ist, dass der Vitaminanteil der Hagebutte durch das Kochen nicht verringert wird. Durch den Gehalt an Fruchtsäuren und Pektinen wirkt der Tee auch leicht abführend, was zur Ausscheidung von Giftstoffen beiträgt.

Bewährte Hausmittel gegen Erkältungen

Verkühlungen mit Halsschmerzen, Husten und Schnupfen sind jetzt die typischen Herbstboten. Wen es erwischt hat, der kann sich mit Hausmitteln zunächst helfen. Die Zwiebel, die eine starke antibakterielle Wirkung hat und Infektionen vorbeugen kann, hilft hier recht gut. Ein einfaches, aber gutes Mittel ist ein Zwiebelsud, der gegen Husten geeignet ist. Eine Zwiebel fein hacken und mit Honig vermischen. Dann 1/8 Liter Wasser dazugeben und das Gemisch einige Minuten vorsichtig köcheln lassen. Den Sud einige Stunden stehen lassen und durch ein Tuch auspressen, so dass der restliche Zwiebelsaft in den Sirup gelangt. Man kann aber auch Zwiebeln mit Kandis oder Honig in ein Glas geben und über Nacht durchziehen lassen. Den Saft löffelweise einnehmen.

Bei leichten Halsschmerzen, wie sie jetzt vielfach auftreten, helfen oft schon bewährte Hausmittel. Wer bei den ersten Anzeichen eine Schwitzkur macht und viel Vitamin C einnimmt, kann manchmal die Verkühlung noch aufhalten. Wenn das allerdings nicht mehr hilft, hinlegen und viel Tee trinken. Das schwemmt die Erreger aus.

Ein Tipp ist auch Honigmilch mit Zwiebel. Dazu

eine kleine Zwiebel hacken und mit einer Tasse Milch fünf Minuten leicht kochen. Abkühlen lassen, abseihen und einen Teelöffel Honig dazugeben. In kleinen Schlucken langsam trinken. Bei Halsschmerzen können auch kalte oder warme Halswickel helfen. Dazu ein Tuch in kaltes Salzwasser tauchen, auswringen und um den Hals legen. Anschließend einen wärmenden Schal darüber wickeln. Am besten, Sie legen sich ins Bett und lassen den Halswickel wirken. Auch Halswickel mit Quark können helfen. Dazu Quark auflegen und wiederum einen warmen Schal darüber geben und einwirken lassen. Wichtig ist bei den Halswickeln immer: sie dürfen nicht unangenehm sein.

Kräuter und Gewürze trocknen

Jetzt ist die beste Zeit, Kräuter und Gewürze für den Winter haltbar zu machen. Getrocknet sind sie nämlich lange haltbar und geben auch im Winter vielen Speisen den letzten Pfiff. Aber das Trocknen von Kräutern will gelernt sein. Jeder hat da seine eigenen Erfahrungen. Ich habe die besten Erfahrungen mit dem Trocknen auf großen Gittern gemacht.
Von den Gewürzen und Kräutern entferne ich die großen Stängel und zerteile große Blätter in kleine Stücke. So vorbereitet lege ich sie auf ein verzinktes Gitter, auf das ich vorher ein Baumwolltuch gebreitet habe.

Die Gitter kommen zum Trocknen in einen abgedunkelten, warmen Raum, bei mir ist das der Dachboden. Hier zirkuliert die Luft, und die Kräuter und Gewürze trocknen geradezu ideal. Wichtig ist, die direkte Sonne beim Trocknen zu meiden. Günstig ist es, die Kräuter immer wieder zu wenden, damit sie gleichmäßig durch und durch trocknen. Wenn sie beim Wenden richtig rascheln, sind sie bereit, in luftdichten Behältern verschlossen zu werden. Auch jetzt sollten die Dosen noch einmal kontrolliert werden, denn die Lebensmittelmotte weiß auch, was gut ist, und nistet sich gern ein. Außerdem lassen sich Kräuter und Gewürze, die nicht ganz trocken sind, nachtrocknen.

NOVEMBER

KÜRBISSE

Wer jetzt mit offenen Augen über den Wochenmarkt geht, dem fallen natürlich die Kürbisse auf. Es gibt sie in allen Formen und Farben. Schon für die Mayas, Inkas und Azteken war der Kürbis ein Grundnahrungsmittel. Christoph Columbus schließlich brachte die Kulturform des heutigen Kürbis' mit nach Europa. Schon nach wenigen Jahrzehnten war der Kürbis über ganz Süd- und Mitteleuropa verbreitet. Zu Beginn

des 18. Jahrhunderts fand er Verbreitung in der Südsteiermark und von da aus kam er auch sehr rasch zu uns.
Aufgrund der idealen Klima- und Bodenverhältnisse gedeiht er heute fast in jedem Garten. Jeder hat inzwischen seine Lieblingssorte entdeckt. Es gibt rund 160 Kürbisgewächse. Kaum ein Gemüse hat so eine Vielfalt an Farben und Formen wie der Kürbis.
Es lassen sich viele Gerichte aus ihm zaubern. Eine Kürbiscremesuppe schmeckt immer und geht ganz schnell: Den Speisekürbis zerkleinern, eventuell Schale entfernen und mit einer kleinen Zwiebel anrösten. Anschließend mit Gemüsebrühe und etwas Weißwein aufgießen und weich dünsten. Danach wird püriert und mit Salz, Pfeffer, Curry und Schlagsahne verfeinert. Wer mag, gibt einige Tropfen Kernöl und zerkleinerte Kürbiskerne über die fertige Suppe.

THYMIAN

Wer bei diesem Wetter mit Husten zu kämpfen hat, kann sich auch selbst einen Hustentee mischen. Dazu brauchen Sie Thymiankraut, kochendes Wasser und im Bedarfsfall Honig. Zwei Teelöffel Thymiankraut werden mit 1/4 Liter kochendem Wasser überbrüht. Diesen Sud lässt man gut 10 Minuten zugedeckt ziehen. Dann wird abgeseiht und mit etwas Honig gesüßt. Bei Husten sollten täglich mehrere Tassen Tee getrunken werden. Auch für Kinder ist dieser Hustentee empfehlenswert.
Der Tee wirkt schleim- und krampflösend und kann bei trockenem Husten und bei Infekten der oberen Luftwege verwendet werden. Wer allerdings längere Zeit an Husten leidet, sollte zum Facharzt gehen und den Husten und seine Ursache abklären lassen.

Ein Rezept für selbstgemachten Hustensaft: Sie brauchen einen knappen Liter Wasser, zwei große Zwiebeln und eine

Packung Lakritzscheiben sowie zwei Esslöffel Kandiszucker (braun). Die Zwiebeln werden klein geschnitten und alle Zutaten in einen Topf gegeben. Einmal aufkochen lassen und danach auf kleiner Flamme ziehen lassen, bis sich die Lakritze auflöst. Den Sud durch ein Sieb streichen, abkühlen und in eine Flasche abfüllen. Mehrmals täglich 1 bis 2 Esslöffel einnehmen.

SCHLEHE

Wer kennt sie nicht, die dunkelblaue, hell beduftete kirsch- bis zwetschkenförmige Frucht, die im Winterkleid des Strauches erst richtig sichtbar wird. Die Schlehe ist ein dorniger Strauch mit silbergrauer Rinde. Wenn die blauen Früchte am blattlosen Strauch sichtbar werden, ist der Erntezeitpunkt noch lange nicht gekommen. Erst wenn mehrmals Fröste die Frucht haben durchfrieren lassen und die Haut beginnt, schrumplig zu werden, sollte mit der Ernte begonnen werden. Denn dann beginnt der Abbau der Gerbsäure in der Frucht und die Saftausbeute wird ergiebig.

Wer in die Frucht hineinbeißt, wird merken, wie adstringierend der Saft wirkt. So hässlich wie das Wort ist auch das Empfinden! Aber nach Frosteinwirkung und einer gewissen Lagerdauer gibt die Frucht ein wunderbares Aroma frei. Früh gepflückte Früchte kann man im Gefrierfach entsprechend nachbehandeln. Schlehenblütentee ist bei Erkältungskrankheiten zu empfehlen. Schlehenblütenöl (in Naturkostläden und Reformhäusern erhältlich) ist ein angenehm wärmendes Körperöl. Schlehen lassen sich gut zu Gelee, Wein, Saft und Likör verarbeiten. Wem dies zu viel Arbeit ist, der lasse sich einen guten Schlehengeist schenken!

AKTIVIERUNG DER ABWEHRKRÄFTE

Ganz einfach zur Aktivierung von Abwehrkräften ist der Gebrauch von Lavendel- und Eukalyptusöl. Dazu brauchen Sie nur eine Duftlampe mit Lavendelöl zu füllen. Der Duft beruhigt nicht nur, das ätherische Lavendelöl desinfiziert auch die Raumluft.
Zusätzlich kann ein Bad mit ätherischem Eukalyptusöl helfen, die Abwehrkräfte zu stärken, wenn sich erste Anzeichen wie Halskratzen und trockene Nase bemerkbar machen. Sie können danach wieder gut durchatmen, und die ersten Anzeichen einer Erkältung verschwinden. Allerdings sollte man sich nach einem solchen Bad ins Bett legen, gut zudecken und ausruhen.

Das beste Rezept gegen Erkältung ist immer noch die ausreichende Versorgung mit Vitamin C. Wer sich mit vitaminreichem Gemüse und Obst ernährt, liegt immer richtig. Zusätzlich ist die Einnahme von Sanddornsaft empfehlenswert. Sanddorn schmeckt nicht nur Kindern gut, sondern verfügt über enormen Vitamin-C-Gehalt. Vitamin-C-reich sind auch Brokkoli, Kohlsprossen, Sauerkraut, Paprika, Kiwi, Beerenobst und Zitrusfrüchte.
Auch abwechselnd warm und kalt duschen oder baden stärkt die Abwehrkräfte. Außerdem werden, jetzt bei dem häufigen Nebel, die Lebensgeister geweckt. Die Kalt-Warm-Duschen verhindern bei regelmäßiger Anwendung auch noch die Entstehung von Krampfadern. Wichtig ist: Hören Sie stets mit kaltem Wasser auf, auch wenn es andersherum vielleicht angenehmer wäre.

QUITTEN

Quitten gehören zu den letzten Früchten im heimischen Erntekalender. Geerntet werden sie im Spätherbst. Für die Verarbeitung der Früchte zu Gelee und Kompott dürfen sie nicht zu reif abgenommen werden, weil sonst das in den Früchten vorhandene Pektin zu stark abgebaut ist und keine genügende Gelierwirkung mehr vorhanden ist. Knapp reif geerntete Früchte lassen

sich bis zwei Monate lagern, allerdings separat von anderen Früchten, weil sie durch das starke Aroma beeinträchtigt würden.
Für viele Rezepte können Quitten mit Schale verarbeitet werden. Die Garzeit für grobe Stücke beträgt 20 bis 30 Minuten. Quitten sind nur in gekochtem Zustand genießbar. Ihr köstlich duftendes Aroma wird bei einer Vielzahl von Produkten geschätzt, beispielsweise bei Kompott, Gelee, Marmelade, Süßmost sowie beim Backen, bei Likör und Eingelegtem.
Die Quittenkerne enthalten große Mengen an Schleimstoffen. Dieser Quittenschleim kann, äußerlich angewendet, Sonnenbrand lindern, rissige Haut und Aufschürfungen, spröde Lippen und entzündete Augen heilen. Innerlich angewendet soll er bei Magen- und Darmproblemen, Halsweh, Husten und Bronchitis helfen. Getrocknete Quittenkerne können als Hustenbonbons verwendet werden.

Dezember

Esskastanien

Überall an den Straßenecken, auf den Christkindl- und Adventmärkten findet man jetzt wieder die Maronibrater. Eine Tüte mit diesen Früchten ersetzt fast ein kleines Mittagessen. Maroni sind gesund. Ihr Fettgehalt ist beispielsweise viel niedriger als bei Nüssen. Bedeutsam ist auch der hohe Eisengehalt dieser nussartigen Frucht. Nicht umsonst hat Hildegard von Bingen jenen, die Kopfarbeiten leisten müssen, Maroni empfohlen.
Maroni sind regelrechte Schönheitshelfer. Mit ihrem hohen Anteil an Vitamin E helfen sie mit, Alterungsprozesse zu verlangsamen. Ein idealer

Helfer gegen trockene Haut! Das enthaltene B2-Vitamin hilft außerdem, Rissen in den Mundwinkeln vorzubeugen.
Pantothensäure hält fit und agil und wirkt der herbstlichen Ermüdung entgegen. Dazu haben Maroni einen Basenüberschuss und wirken aus diesem Grund gut bei übersäuertem Magen. Vitamin B wirkt beruhigend auf das Nervensystem. Ein kleiner Tipp: ein paar Maroni vor dem Schlafengehen genossen, und die Einschlafprobleme sind nur noch halb so groß. Außerdem sind sie auch eine beliebte Zutat zur Füllung von gebratenem Geflügel.
Die Bäume dieser gehaltvollen Früchte wachsen nicht nur im sonnigen Italien, sondern auch in unserem Klima.

Efeu

Es gibt nur wenige Pflanzen, die man jetzt noch draußen findet und die sich zum Sammeln lohnen. Eine davon ist der Efeu. Efeu wächst in Parkanlagen, an Felsen und Mauern, man findet ihn wild in Buchen- und Eichenwäldern. Er ist nicht nur hier bei uns zu Hause, sondern fast in ganz Europa. Für einen Efeutee wählen Sie nur die kleinen jungen Blättchen. Die werden dann getrocknet und bei Bedarf aufgebrüht.
Vorsicht: Die Beeren des Efeus sind giftig und dürfen nicht gepflückt werden. Es besteht Vergiftungsgefahr! Auch für Pferde, Hunde, Katzen, Nager sowie Hasen, Kaninchen, Hamster, Meerschweinchen sind die Blätter giftig.
Die jungen getrockneten Blätter werden in der Homöopathie immer bei Bronchialasthma, Erkrankungen von Nasenschleimhäuten sowie bei

Gallenleiden verwendet. Tee aus Efeublättern ist schleim- und krampflösend. In vielen gebräuchlichen Hustentropfen ist Efeu übrigens enthalten. In der Antike und auch im Mittelalter war der Efeu aber auch eine wichtige Heilpflanze. Er wurde bei Krankheiten der Milz, bei Ruhr, Rheuma, Gicht und Erkrankungen der Atemwege verwendet. Auch bei Gelbsucht und Schwerhörigkeit und sogar gegen die Pest wurde die Pflanze eingesetzt.

BOHNENSCHALENTEE

Ich möchte Sie auf einen besonderen Tee aufmerksam machen. Auf den Tee von Bohnen, genaugenommen von dem der Schote. Medizinisch interessant sind die Stangenbohnen. Und dabei nur die Bohnenhülsen und die innere Fruchthülle (Haut).
Die Bohnenhülsen enthalten als wirksame Bestandteile unter anderem viel Kieselsäure.
Bohnenschalen sollten vor der Verwendung erst gewässert und dann bei rund 70 Grad getrocknet werden.
Bohnenschalentee kann als unterstützendes Mittel zum milden Entwässern und Entschlacken bei Nierensteinen, Blasenleiden, Rheuma, Gicht, Ekzemen und Hautunreinheiten eingesetzt werden. Er gilt als blutdrucksenkend. Obendrein ist der Tee harntreibend. Der Tee ist allerdings

keinesfalls Ersatz für Arzneimittel bei Diabetes und ersetzt keineswegs den Arztbesuch. Wer Probleme mit Akne hat, kann den Sud auch zum Waschen des Gesichts verwenden.
Zubereitung: Ein gehäufter Esslöffel Bohnenschalen wird mit 1/4 Liter Wasser kalt angesetzt und zum Sieden gebracht. Rund 3 bis 5 Minuten kochen lassen. Es empfiehlt sich, zwei- bis dreimal täglich eine Tasse frisch zubereitet zu trinken. Wer will, kann den Tee auch mit Honig süßen.

Tannennadeln

Traditionell ist der Christbaum eine Tanne. Auf den ersten Blick sieht sie der Fichte relativ ähnlich. Die Zapfen der Tanne stehen jedoch aufrecht auf den Zweigen und zerfallen noch am Baum in einzelne Samenschuppen. Tannennadeln sind flacher und weicher als die der Fichte und auf der Unterseite hell gestreift.
Wer jetzt Tannennadeln sammelt und vom Baum zupft, kann damit einiges für die Gesund-

heit tun. Allerdings sollten Sie keine Tannennadeln aus Christbaumschonungen verwenden, da diese häufig gespritzt und behandelt sind. Natürliche Tannenadeln enthalten ätherische Öle und eignen sich zum Inhalieren bei Erkältungskrankheiten. Sie geben einige Tannennadeln vermischt mit Kochsalz in einen Inhalator und gießen heißes Wasser darüber.
Auch ein Bad mit einem Sud aus Tannennadeln ist empfehlenswert. Sie nehmen ein Kilo Tannennadeln oder zerkleinerte Tannenzapfen und übergießen sie mit 5 Litern kaltem Wasser. Diese Mischung zum Kochen bringen, 30 Minuten kochen und abseihen. Den Absud setzt man dem Badewasser bei. Gut bei Erkältungen, Bronchitis, Grippe, außerdem beruhigend, ausgleichend und schlaffördernd.

Meerrettich

Im Advent essen viele von uns mehr als sonst im Jahr. Das fängt bei der Verkostung der Kekse an und hört bei den vielen Weihnachtsfeiern noch lange nicht auf. Eine der Folgen des üppigen Essens sind Blähungen und auch Verstopfungen. Dagegen lässt sich aber einiges tun: Nämlich den Speisen Meerrettich beimischen oder eines der typischen Gerichte mit Meerrettich kochen. Meerrettich regt die Verdauung an. Die für die Verdauung wichtigen Schleimhäute beginnen bereits beim Meerrettichgenuss ihre Säfte abzusondern und sind so für die Verdauungsvorgänge startbereit. Die Speisen werden einfach besser abgebaut. Ein Völlegefühl und Verdauungsprobleme können so vermieden werden.

Meerrettich ist außerdem reich an Vitamin C. Er hat doppelt so viel Vitamin C wie beispielsweise Zitronen. Gerade in der kühlen Jahreszeit bietet Meerrettich einen besonderen Schutz vor Erkältungskrankheiten.
Der einzigartig würzige und scharfe Geschmack des Meerrettichs entfaltet sich erst, wenn er geschnitten oder gerieben wird. Durch enzymatische Umwandlungen werden die ätherischen Öle freigesetzt, die zum typischen Geschmack beitragen.
Übrigens: Früher wurde ein Wurzelsud aus Meerrettich bei Frostbeulen erfolgreich eingesetzt.

Bildnachweis

S. 2/3: © Lucien Lenzen, Mönchengladbach, S. 6: © robynmac/Fotolia, S. 7: © Birgit Reitz-Hofmann/Fotolia, S. 8: © stock.adobe.com/unpict, S. 10: © Ovidiu lordachi/Fotolia, S. 11: © Irina Ukrainets/Fotolia, S. 13: © stock.adobe.com/Harald Biebel, S. 14, 63: © HLPhoto/Fotolia, S. 15: © eyewave/Fotolia, S. 16: © Natalia van D/Shutterstock, S. 17: © stock.adobe.com/Андрій Пограничний, S. 18: © Yali Shi/Fotolia, S. 19: © AG-photographer/Fotolia, S. 20: © stock.adobe.com/Dmytro, S. 22: © photoL/Fotolia, S. 23: © L.F.otography/Fotolia, S. 24: © stock.adobe.com/mates, S. 25: © stock.adobe.com/Jiri Hera, S. 26: © Yong Hian Lim/Fotolia, S. 28/29: © stock.adobe.com/matka_Wariatka, S. 30: © Andre Bonn/Fotolia, S. 31: © Heike Rau/Fotolia, S. 32: © © stock.adobe.com/ninell, S. 34: © Gummy Bear/ Shutterstock, S. 36: © stock.adobe.com/Ruckszio, S. 38, 39, 62: © Irina Fischer/Fotolia, S. 40/41: © stock.adobe.com/elen31, S. 42: © Christian Jung/Fotolia, S. 43, 99 o: © Team 5/Fotolia, S. 44: © stock.adobe.com/Dmytro Synelny-chenko, S. 45: © stock.adobe.com/Dmitriy Syechin, S. 46: © Teamarbeit/Fotolia, S. 48: © milart/Shutterstock, S. 51, 98: © Twilight_Art_Pictures/Fotolia, S. 52/53: © stock.adobe.com/spline_x, S. 54: © Carina Hansen/Fotolia, S. 56: © unpict/Shutterstock, S. 58: © dailyfood/Fotolia, S. 59, 82: © Alois/Fotolia, S. 60: © Ivaschenko Roman/Shutterstock, S. 64: © stock.adobe.com/Dionisvera, S. 66: © Jip Fens/Fotolia, S. 68: © mcajan/Shutterstock, S. 70 o: © Radu Razvan/Fotolia, S. 70 u: © Thomas Teufel/Fotolia, S. 71: © Maria.P./Fotolia, S. 72: © stock.adobe.com/Alexander Potapov, S. 73: © stock.adobe.com/viktoriya89, S. 74: © Tomboy2290/Fotolia, S. 76: © Robert Bieder-mann/Shutterstock, S. 78: © emer/Fotolia, S. 79: © Christian Pedant/Fotolia, S. 81: © stock.adobe.com/Schmutzler-Schaub, S. 84: © stock.adobe.com/Barbara Pheby, S. 86: © Marty Kropp/Fotolia, S. 87: © Art_Pictures/ Shutterstock, S. 88: © stock.adobe.com/Stefan, S. 90, 91, 106: © Lianem/Fotolia, S. 92: © stock.adobe.com/Marina Lohrbach, S. 94: © Thomas Wöhrle/Fotolia, S. 96: © kosolovskyy/Shutterstock, S. 100: © Alexander Raths/Fotolia, S. 103 o: © marilyn barbone/Fotolia, S. 103 u: © Miroslav Beneda/Fotolia, S. 104: © Rhoenbergfoto/Shutterstock, S. 105: © Tamara Kulikova/Shutterstock, S. 107: © felinda/Fotolia, S. 108: © volff/Fotolia, S. 110: © Balin/Fotolia, S. 111: © rotoGra-phics/Fotolia, S. 112/113: © asharkyu/Shutterstock, S. 114: © stormarn/Fotolia, S. 115: © foodmaster/Fotolia, S. 116: © sunnychicka/Shutterstock, S. 118: © Sunbunny Studio/Shutterstock, S. 119: © mtsyri/Fotolia